一年

1

熊琼——编

重庆大学出版社

12
THINGS

1

12
THINGS

TEAR FROM HERE

Instructions 本册使用说明

1

2

3

可用刀或者尺子
划开筒子页，查看事件

4

✂ 请从此处裁开 查看事件 ✂

TEAR FROM HERE

12
THINGS

2

12
THINGS

TEAR FROM HERE

请从此处裁开　查看事件

TEAR FROM HERE

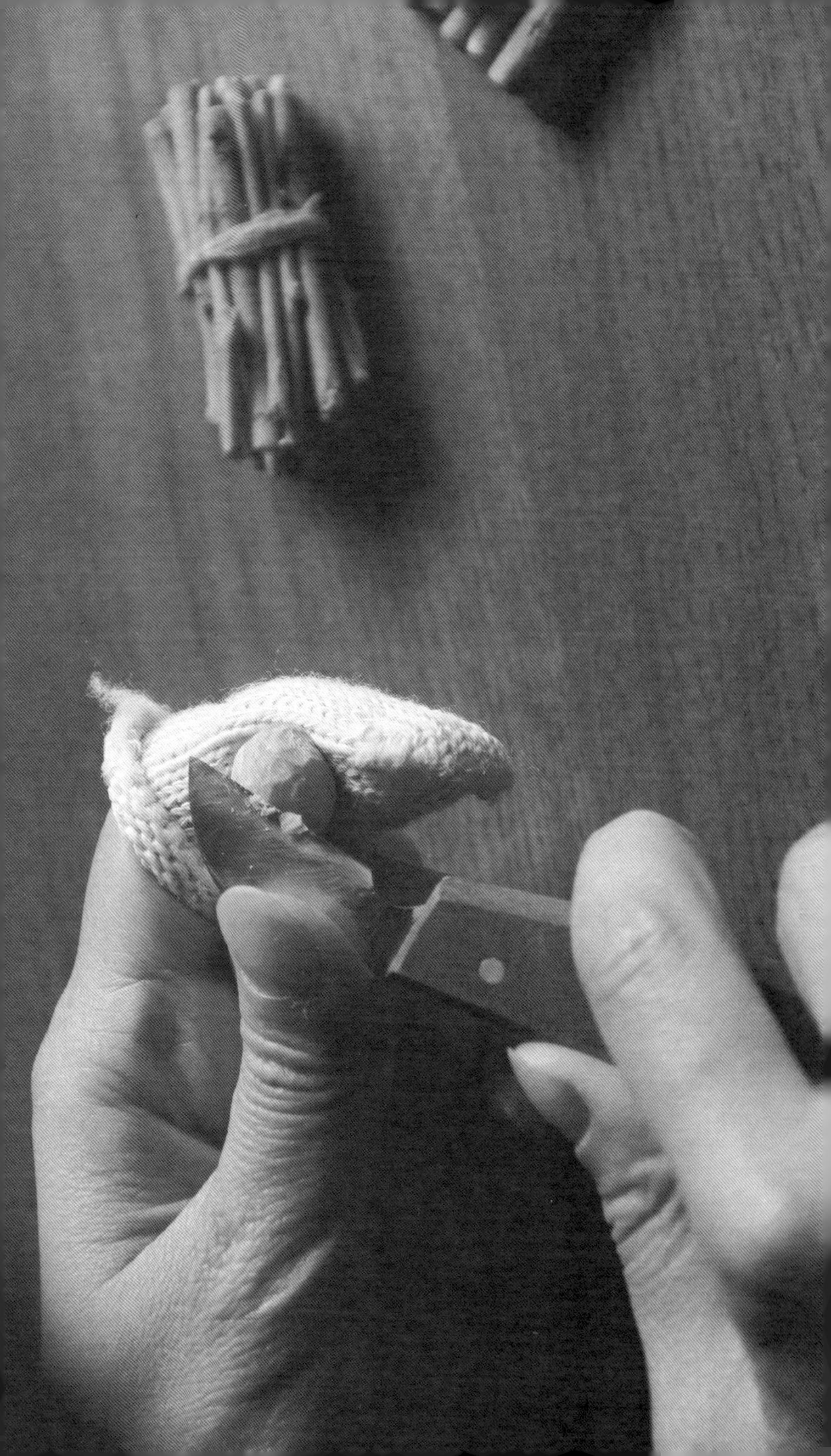

12
THINGS

3

12
THINGS

TEAR FROM HERE

请从此处裁开 查看事件

TEAR FROM HERE

chai spiced milk tea

12
THINGS

4

12
THINGS

TEAR FROM HERE

✂ 请从此处裁开 查看事件 ✂

TEAR FROM HERE

Week
Calendar

12
THINGS

5

12
THINGS

TEAR FROM HERE

✂ 请从此处裁开 查看事件 ✂

TEAR FROM HERE

12
THINGS

6

12
THINGS

TEAR FROM HERE

请从此处裁开 查看事件

TEAR FROM HERE

12
THINGS

7

12
THINGS

TEAR FROM HERE

请从此处裁开 查看事件

TEAR FROM HERE

12
THINGS

8

12
THINGS

TEAR FROM HERE

✂ 请从此处裁开 查看事件 ✂

TEAR FROM HERE

12 THINGS

9

12 THINGS

TEAR FROM HERE

请从此处裁开 查看事件

TEAR FROM HERE

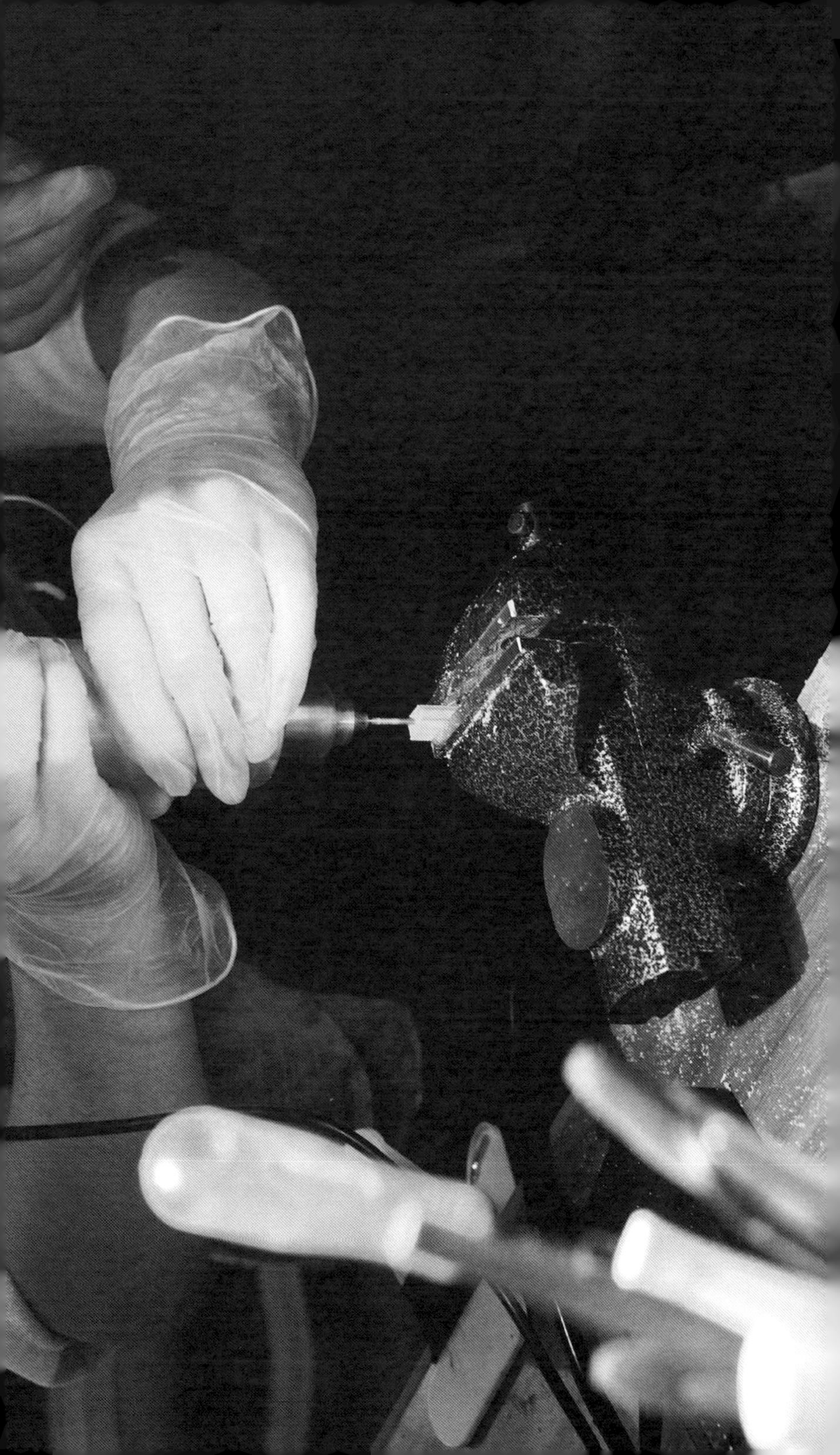

12
THINGS

10

12
THINGS

TEAR FROM HERE

请从此处裁开 查看事件

TEAR FROM HERE

12 THINGS

11

12 THINGS

TEAR FROM HERE

请从此处裁开 查看事件

TEAR FROM HERE

12
THINGS

12

12
THINGS

TEAR FROM HERE

在重要且紧急和重要但不紧急的事情中，你会怎么选?

相信大部分人会永远优先做手边最紧急的事情，然而久而久之便发现自己离初心越来越远。每个人都想按自己的意愿过一生，只可惜在一个忙忙碌碌的世界中，人们总有种双脚被粘住无法动弹的感觉，随心所欲过生活谈何容易。

我自己也曾经是其中之一，我把事情分为两种：别人希望我做的事情和我自己希望做的事情。我是一个设计师，我的职业决定了我必须要为大众的需求服务，我的大部分时间长期被别人希望我做的事情占据，一件紧急事件处理完毕，马上又有新的紧急事件涌现出来。蓦然回首，一年已过大半。而我自己想做的事情呢？那些在夜深人静的时候、在偶尔小憩的时候、在参观艺术展的时候涌现出来的想法、愿望和灵感呢？它们什么时候可以出来舒展一下？每天占据我最宝贵时间的事情真的有那么重要吗？假如就这样过了一生，大概连回忆都会是一片空白。从去年开始，我决定认认真真去做那些“重要但不紧急的事情”，通常这类事情都是一个比较长期的人生规划，是在没有干扰的情况下做出的决定。做这些事情本身已经让我感受到了实实在在的幸福，更不用说由于做这些小事所引发的“奇遇”了。就这样，我萌发了做一本笔记本的念头，笔记本就叫《一年里要做的 12 件事》，里面有 12 件简单又不简单的事情，这些事情经过了我的反复挑选，希望它们能成为经年累月生活中的 12 个时间坐标，为你串起一整年的回忆。

✂ 请从此处裁开 查看事件 ✂

为了更加直观，我选择了以插图的方式来展示这 12 件事。当时考虑过手绘，或者直接购买图片，每一种方式都让我很犹豫。后来看到一句话，大意是假如你不知道怎么选择，就选择最难的一种吧。如此这般，我便选择了木刻。

我自己是一个木工爱好者，不是做桌子、椅子，雕龙刻凤的那种木工，而是木工中不强调技法而重创意的一种，普通人也容易上手，我把这叫作“轻木工”。我经常被问一个问题：为什么选择木头？我想，大概是从来没有一种材料能像木头那样，有这么强的包容性和适中的硬度，不是大理石，不是橡皮泥，它可塑、稳定且自带表现力。我觉得这和生活的本质很像，我们过成什么样子是可以自己改变的，但是要付出一定的代价，而这代价刚好是我们可以承受的，每个人生来都好比一块上天下发的原木。因此，在构思这个笔记本的时候最先定下来的想法便是让整体看上去就像是一块木头。感谢纸张材料合作方，帮我找到了一款手感上与木质十分接近的纸张，至今还能回忆起我看到小样那天的激动。

12 件事以 12 个筒子页的形式插入笔记本中，使用者需要划开筒子页才可看见具体的事件内容。筒子页的灵感来自综艺节目中嘉宾总能收到的神秘任务单。没有那么容易看到，要花费一点小小的心思，增加了趣味性。

最后说说这把小刀吧。这是一把瑞士进口的普通木刻小刀，这本书里的所有“事情”都是用它来完成的。这把小刀最后印在了显眼的腰封正面，因为“刀子”的意向很重要，它象征我们可以施加给这个世界的影响力。我们每个人都有自己的“刀”，让我们都来用好我们的“刀子”吧。

熊琼

2017 年 北京

TEAR FROM HERE

图书在版编目（CIP）数据

一年里要做的12件事 / 熊琼编.--重庆：重庆大学出版社，2017.11（2017.11重印）

ISBN 978-7-5689-0880-1

Ⅰ. ①一… Ⅱ. ①熊… Ⅲ. ①生活管理 Ⅳ. ①C913.3

中国版本图书馆CIP数据核字（2017）第263991号

一年里要做的12件事

YI NIAN LI YAO ZUO DE 12 JIAN SHI

熊琼 编

策划编辑：张菱芷
责任编辑：刘雯娜
书籍装帧：云中设计室 熊琼
责任校对：王 倩
责任印制：赵 晟

*

重庆大学出版社出版发行
出版人：易树平
社址：重庆市沙坪坝区大学城西路21号
邮编：401331
电话：（023）88617190 88617185（中小学）
传真：（023）88617186 88617166
网址：http://www.cqup.com.cn
邮箱：fxk@cqup.com.cn（营销中心）
全国新华书店经销
重庆新金雅迪艺术印刷有限公司印刷

*

开本：889mm×1194mm 1/32 印张：12.25
2017年11月第1版 2017年11月第2次印刷
ISBN 978-7-5689-0880-1 定价：88.00元

Penguin Week Calendar

企鹅周历

生活如木 Such as Wood

像企鹅一样拥有自己的步调

____年 企鹅 —— Penguin Week Calendar —— 周历 ____月

	SUN	MON	TUE	WED	THU	FRI	SAT
Memo	____日	____日	____日	____日	____日	____日	____日

_____ 年　　企鹅 —— *Penguin Week Calendar* —— 周历　　_____ 月

Memo	SUN	MON	TUE	WED	THU	FRI	SAT
	_____ 日	_____ 日	_____ 日	_____ 日	_____ 日	_____ 日	_____ 日

______年　　企鹅 —— *Penguin Week Calendar* —— 周历　　______月

	SUN	MON	TUE	WED	THU	FRI	SAT
Memo	______日	______日	______日	______日	______日	______日	______日

____年　　企鹅 —— *Penguin Week Calendar* —— 周历　　____月

	SUN	MON	TUE	WED	THU	FRI	SAT
Memo	____日	____日	____日	____日	____日	____日	____日

____年　　企鹅 —— *Penguin Week Calendar* —— 周历　　____月

	SUN	MON	TUE	WED	THU	FRI	SAT
Memo	____日	____日	____日	____日	____日	____日	____日

____年　　企鹅 —— *Penguin Week Calendar* —— 周历　　____月

Memo	SUN	MON	TUE	WED	THU	FRI	SAT
	____日	____日	____日	____日	____日	____日	____日

______年　　企鹅 —— *Penguin Week Calendar* —— 周历　　______月

Memo	SUN ______日	MON ______日	TUE ______日	WED ______日	THU ______日	FRI ______日	SAT ______日

____年　　企鹅 —— *Penguin Week Calendar* —— 周历　　____月

Memo	SUN	MON	TUE	WED	THU	FRI	SAT
	____日	____日	____日	____日	____日	____日	____日

____年　　企鹅 —— Penguin Week Calendar —— 周历　　____月

Memo	SUN	MON	TUE	WED	THU	FRI	SAT
	____日	____日	____日	____日	____日	____日	____日

______ 年　　企鹅 —— *Penguin Week Calendar* —— 周历　　______ 月

	SUN	MON	TUE	WED	THU	FRI	SAT
Memo	______ 日	______ 日	______ 日	______ 日	______ 日	______ 日	______ 日

______年　　　　企鹅 —— Penguin Week Calendar —— 周历　　　　______月

Memo	SUN	MON	TUE	WED	THU	FRI	SAT
	____日	____日	____日	____日	____日	____日	____日

____年　　企鹅 —— *Penguin Week Calendar* —— 周历　　____月

	SUN	MON	TUE	WED	THU	FRI	SAT
Memo	____日	____日	____日	____日	____日	____日	____日

______年　　企鹅 —— *Penguin Week Calendar* —— 周历　　______月

	SUN	MON	TUE	WED	THU	FRI	SAT
Memo	______日	______日	______日	______日	______日	______日	______日

____年　　企鹅 —— *Penguin Week Calendar* —— 周历　　____月

	SUN	MON	TUE	WED	THU	FRI	SAT
Memo	____日	____日	____日	____日	____日	____日	____日

______ 年　　企鹅 —— *Penguin Week Calendar* —— 周历　　______ 月

	SUN	MON	TUE	WED	THU	FRI	SAT
Memo	____ 日	____ 日	____ 日	____ 日	____ 日	____ 日	____ 日

______年　　企鹅 —— Penguin Week Calendar —— 周历　　______月

Memo	SUN	MON	TUE	WED	THU	FRI	SAT
	______日	______日	______日	______日	______日	______日	______日

______ 年　　企鹅 —— *Penguin Week Calendar* —— 周历　　______ 月

Memo	SUN	MON	TUE	WED	THU	FRI	SAT
	____日	____日	____日	____日	____日	____日	____日

______ 年 企鹅 —— *Penguin Week Calendar* —— 周历 ______ 月

	SUN	MON	TUE	WED	THU	FRI	SAT
Memo	____ 日	____ 日	____ 日	____ 日	____ 日	____ 日	____ 日

______年 企鹅 —— *Penguin Week Calendar* —— 周历 ______月

Memo	SUN ______日	MON ______日	TUE ______日	WED ______日	THU ______日	FRI ______日	SAT ______日

____年　　企鹅 —— *Penguin Week Calendar* —— 周历　　____月

Memo	SUN ____日	MON ____日	TUE ____日	WED ____日	THU ____日	FRI ____日	SAT ____日

______ 年 企鹅 —— *Penguin Week Calendar* —— 周历 ______ 月

Memo	SUN	MON	TUE	WED	THU	FRI	SAT
	____日	____日	____日	____日	____日	____日	____日

____年　企鹅 —— *Penguin Week Calendar* —— 周历　____月

Memo	SUN	MON	TUE	WED	THU	FRI	SAT
	____日	____日	____日	____日	____日	____日	____日

____年　　企鹅 —— *Penguin Week Calendar* —— 周历　　____月

Memo	SUN	MON	TUE	WED	THU	FRI	SAT
	____日	____日	____日	____日	____日	____日	____日

____年　　企鹅 —— *Penguin Week Calendar* —— 周历　　____月

	SUN	MON	TUE	WED	THU	FRI	SAT
Memo	____日	____日	____日	____日	____日	____日	____日

____年 企鹅 —— *Penguin Week Calendar* —— 周历 ____月

Memo	SUN ____日	MON ____日	TUE ____日	WED ____日	THU ____日	FRI ____日	SAT ____日

____年　　企鹅 —— *Penguin Week Calendar* —— 周历　　____月

	SUN	MON	TUE	WED	THU	FRI	SAT
Memo	____日	____日	____日	____日	____日	____日	____日

______ 年　　企鹅 —— *Penguin Week Calendar* —— 周历　　______ 月

	SUN	MON	TUE	WED	THU	FRI	SAT
Memo	______ 日	______ 日	______ 日	______ 日	______ 日	______ 日	______ 日

______ 年　　企鹅 —— *Penguin Week Calendar* —— 周历　　______ 月

Memo	SUN ______ 日	MON ______ 日	TUE ______ 日	WED ______ 日	THU ______ 日	FRI ______ 日	SAT ______ 日

______ 年　　企鹅 —— *Penguin Week Calendar* —— 周历　　______ 月

	SUN	MON	TUE	WED	THU	FRI	SAT
Memo	____ 日	____ 日	____ 日	____ 日	____ 日	____ 日	____ 日

____年　　企鹅 —— *Penguin Week Calendar* —— 周历　　____月

	SUN	MON	TUE	WED	THU	FRI	SAT
Memo	____日	____日	____日	____日	____日	____日	____日

____年　　企鹅 —— *Penguin Week Calendar* —— 周历　　____月

	SUN	MON	TUE	WED	THU	FRI	SAT
Memo	____日	____日	____日	____日	____日	____日	____日

____年　　企鹅 —— *Penguin Week Calendar* —— 周历　　____月

Memo	SUN	MON	TUE	WED	THU	FRI	SAT
	____日	____日	____日	____日	____日	____日	____日

____年　　企鹅 —— *Penguin Week Calendar* —— 周历　　____月

	SUN	MON	TUE	WED	THU	FRI	SAT
Memo	____日	____日	____日	____日	____日	____日	____日

______年　　企鹅 —— Penguin Week Calendar —— 周历　　______月

Memo	SUN	MON	TUE	WED	THU	FRI	SAT
	____日	____日	____日	____日	____日	____日	____日

____年　　企鹅 —— *Penguin Week Calendar* —— 周历　　____月

	SUN	MON	TUE	WED	THU	FRI	SAT
Memo	____日	____日	____日	____日	____日	____日	____日

____年　　企鹅 —— *Penguin Week Calendar* —— 周历　　____月

Memo	SUN	MON	TUE	WED	THU	FRI	SAT
	____日	____日	____日	____日	____日	____日	____日

____年　　企鹅 —— *Penguin Week Calendar* —— 周历　　____月

Memo	SUN ____日	MON ____日	TUE ____日	WED ____日	THU ____日	FRI ____日	SAT ____日

____年 企鹅 —— *Penguin Week Calendar* —— 周历 ____月

Memo	SUN	MON	TUE	WED	THU	FRI	SAT
	____日	____日	____日	____日	____日	____日	____日

____年　　企鹅 —— *Penguin Week Calendar* —— 周历　　____月

Memo	SUN	MON	TUE	WED	THU	FRI	SAT
	____日	____日	____日	____日	____日	____日	____日

____年　　　　企鹅 —— *Penguin Week Calendar* —— 周历　　　　____月

	SUN	MON	TUE	WED	THU	FRI	SAT
Memo	____日	____日	____日	____日	____日	____日	____日

____年　　企鹅 —— *Penguin Week Calendar* —— 周历　　____月

	SUN	MON	TUE	WED	THU	FRI	SAT
Memo	____日	____日	____日	____日	____日	____日	____日

_____ 年　　企鹅 —— *Penguin Week Calendar* —— 周历　　_____ 月

	SUN	MON	TUE	WED	THU	FRI	SAT
Memo	____日	____日	____日	____日	____日	____日	____日

____年　　企鹅 —— *Penguin Week Calendar* —— 周历　　____月

	SUN	MON	TUE	WED	THU	FRI	SAT
Memo	____日	____日	____日	____日	____日	____日	____日

____年　企鹅 —— Penguin Week Calendar —— 周历　____月

Memo	SUN	MON	TUE	WED	THU	FRI	SAT
	____日	____日	____日	____日	____日	____日	____日

______年　　企鹅 —— *Penguin Week Calendar* —— 周历　　______月

Memo	SUN	MON	TUE	WED	THU	FRI	SAT
	______日	______日	______日	______日	______日	______日	______日

______年 企鹅 —— *Penguin Week Calendar* —— 周历 ______月

	SUN	MON	TUE	WED	THU	FRI	SAT
Memo	______日	______日	______日	______日	______日	______日	______日

______ 年　　企鹅 —— *Penguin Week Calendar* —— 周历　　______ 月

	SUN	MON	TUE	WED	THU	FRI	SAT
Memo	______ 日	______ 日	______ 日	______ 日	______ 日	______ 日	______ 日

_____ 年　　企鹅 —— *Penguin Week Calendar* —— 周历　　_____ 月

Memo	SUN	MON	TUE	WED	THU	FRI	SAT
	_____ 日	_____ 日	_____ 日	_____ 日	_____ 日	_____ 日	_____ 日

______ 年　　企鹅 —— *Penguin Week Calendar* —— 周历　　______ 月

Memo	SUN	MON	TUE	WED	THU	FRI	SAT
	______ 日	______ 日	______ 日	______ 日	______ 日	______ 日	______ 日

______ 年 企鹅 —— *Penguin Week Calendar* —— 周历 ______ 月

	SUN	MON	TUE	WED	THU	FRI	SAT
Memo	______ 日	______ 日	______ 日	______ 日	______ 日	______ 日	______ 日